Heiko Mittelstaedt

Baglamás spielen leicht gemacht

Straßen nach Süden…

Grundlagen – Melodiespiel – Liedbegleitung

„Es sind immer die einfachen Dinge, die uns berühren: die Töne, eine Stimme."
(Kostas Papadopoulos, Piräus)

Heiko Mittelstaedt

Baglamás spielen leicht gemacht

Straßen nach Süden…

Grundlagen – Melodiespiel – Liedbegleitung

Books on Demand GmbH, Norderstedt

Bibliografische Information der Deutschen Nationalbibliothek
Die Deutsche Nationalbibliothek verzeichnet diese Publikation in der Deutschen Nationalbibliografie; detaillierte bibliografische Daten sind im Internet über http://dnb.d-nb.de abrufbar.

Die Inhalte dieses Buches sind sorgfältig recherchiert und erarbeitet worden. Dennoch können weder Autor noch Verlag für die Angaben im Buch eine Haftung übernehmen.

Die Verwertung der Texte und Bilder, auch auszugsweise, ist ohne Zustimmung des Autors urheberrechtswidrig und strafbar. Dies gilt auch für Vervielfältigungen, Übersetzungen, Mikroverfilmungen und für die Verarbeitung mit elektronischen Systemen.

© 2013 Heiko Mittelstaedt

heiko.mittelstaedt@gmx.de
Fotos: Heiko Mittelstaedt
Zeichnungen: Heiko Mittelstaedt
Satz und Layout: Heiko Mittelstaedt
Herstellung und Verlag: BoD - Books on Demand, Norderstedt
ISBN: 9783732243266

Inhalt

Einleitung — Seite 9

Erstes Kapitel — Seite 13
Die Reise nach Süden beginnt… Die Grundlagen

Zweites Kapitel — Seite 24
Auf den Straßen nach Süden… Das Melodiespiel

Drittes Kapitel — Seite 48
Der Süden ist erreicht… Die Liedbegleitung

Quellen — Seite 58

Einleitung

Ich begrüße Sie recht herzlich und freue mich, dass Sie mit mir auf eine kurze Reise in den Süden gehen wollen. Vermutlich besitzen Sie einen dreichörigen (6-saitigen) Baglamás* (το τρίχορδο) und möchten Ihr kleines Saiteninstrument nicht nur als Blickfang im Wohnzimmer aufhängen, sondern auch ein wenig mit ihm spielen. Ihnen kann geholfen werden, denn ich gebe Ihnen in meinem kompakten **Kennenlernkurs** die wesentlichsten Einstiegshilfen für das Spielen eines Baglamás.

„Straßen nach Süden…", lautet der Titel meines Buches. Sie werden sich vielleicht fragen, wie ich darauf gekommen bin? Vielleicht, weil der Baglamás aus Griechenland stammt? Ja, vielleicht. Ich gebe offen zu, dass ich einen seltsamen Titel für mein kleines Lehrbuch ausgesucht habe. Ich habe den Titel aber bewusst gewählt und Sie werden bereits in dieser Einleitung einen Hinweis darauf erhalten.

Wenn Sie tatsächlich ein Instrument besitzen, haben Sie bereits eine große Hürde genommen. Es ist in Deutschland nämlich viel schwerer, einen entsprechenden Baglamás zu bekommen, als mit ihm zu spielen. Wenn Sie sich also erst mein Buch angeschafft haben sollten und jetzt ein passendes Instrument kaufen wollen, werden Sie sich früher oder später nach Griechenland begeben müssen. Da Sie als Griechenland-/Bouzouki-/Baglamás-/Rembétiko-Fan mit Sicherheit sowieso jedes Jahr dorthin fahren, sollte das kein Problem sein. Dort finden Sie mit sehr großer Wahrscheinlichkeit einen Baglamás. Achten Sie beim Kauf aber unbedingt darauf, dass Sie Ihr Instrument nicht in einem Souvenirgeschäft erwerben.

Ein schlichtes Instrument, ist im Fachgeschäft bereits für rund 150 Euro zu haben. Interessanterweise bekommt man aufwendiger gestaltete Instrumente in Griechenland in nahezu jedem „Supermarket" für den gleichen Preis, oder sogar ein wenig billiger. Sie werden sicherlich ahnen, dass es einen Unterschied zwischen einem Instrument aus einem Fachgeschäft und dem Instrument aus dem Souveniergeschäft gibt. Richtig, das edel aussehende Teil aus dem Supermarkt taugt im besten Fall nur zur Dekoration, denn einzig zu diesem Zweck wurde es gebaut. Zum Spielen taugt es aber meist reichlich wenig.

Weniger ist zwar oftmals mehr, was aber nur für das Aussehen eines Baglamás und für mein knapp gehaltenes Büchlein gilt. Ich gehe auf den nächsten Seiten nicht auf jede Einzelheit des Spielens ein; mein Buch soll Ihnen lediglich den Baglamás ein wenig näherbringen und Ihnen den Einstieg in das Spiel erleichtern.

Ich beginne die kurze Reise im **ersten Kapitel** mit ein paar übersichtlichen Grundlagen zum Rembétiko und zum Baglamás. Sie erfahren etwas über die Herkunft des Muskistils und des Instruments. Sie bekommen Tipps zu dessen Saiten, die Stimmung der Saiten, die Haltung beim Spielen, die Spieltechnik und noch vieles mehr.

Im **zweiten Kapitel** (Sie kommen bis zum Schluss des Buches übrigens ganz ohne Notenkenntnisse aus) stelle ich Ihnen eine Auswahl von 18 modalen Tonleitern (Skalen) vor, die Sie unbedingt kennen und beherrschen sollten. Sie werden Melodiespiel damit bereichern. Diese wichtigen Tonleitern werden im Griechischen als „Straßen" (οι δρόμοι) bezeichnet.

Im **dritten Kapitel** gehe ich abschließend kurz auf die Liedbegleitung ein. Ich zeige Ihnen, welche Möglichkeiten Sie haben, auf dem Baglamás Akkorde zu greifen. Ich gebe Ihnen aber keine fertigen Grifftabellen an die Hand, denn Sie sollen sich – wie ein griechischer Baglamás-Spieler – die Akkorde selbst erarbeiten. Das ist nicht besonders schwer. Sie müssen Sie sich dazu allerdings ein wenig mit den einzelnen Tönen auf den Saiten Ihres Baglamás, also mit dem Griffbrett und seinen Bünden, beschäftigen. Ich verspreche Ihnen, dass sich die Mühe lohnt. Am Ende dieses Kurses werden Sie Ihr Instrument in- und auswendig kennen.

Ich wende mich mit meinem Buch in erster Linie an den blutigen Anfänger, aber mit Sicherheit profitieren auch Fortgeschrittene von den Tipps, Tonleitern und Akkorden. Sie können meine einfachen Hinweise gut im Alleinstudium meistern. Mehr kann ich auch nicht leisten, denn ich bin weder ein Profispieler noch ein ausgebildeter Musiklehrer. Ich bin einer von Ihnen, der Spaß mit dem Baglamás hat. Ich habe in meinem Buch das aufgeschrieben, was ich mir vor einiger Zeit mühsam zusammensuchen musste beziehungsweise was ich von meinem Instrumentenbauer Yannis Loulourgas aus Pythagorió (Samos) mit auf den Weg bekam.

Ich versichere Ihnen, dass Sie am Ende dieses Kurses Töne aus Ihrem Instrument holen werden, die durchaus ein wenig nach dem beliebten Rembétiko (το ρεμπέτικο) klingen. Wenn Sie sich danach noch ein wenig mehr ins Zeug legen, werden Sie mit etwas Übung und Mut sogar in der Lage sein, inmitten von griechischen Musikern zu improvisieren (etwas Ouzo hilft dabei natürlich zusätzlich) und allein zu Haus, oder im heimischen Garten gespielt, klingt der Baglamás sowieso immer gut.

Wollen Sie jedoch gar zum Profispieler aufsteigen, werden Sie um einen guten Unterricht nicht herum kommen. Den kann Ihnen kein Buch der Welt ersetzen.

Für die ersten Schritte auf dem Baglamás können Sie es aber erheblich einfacher und kostengünstiger angehen lassen. Der Spaß am Instrument und an der Musik sollte an erster Stelle stehen. Holen Sie sich mit den Klängen des Baglamás einfach nur ein Stück sommerliches Griechenland in Ihr Heim.

Der bekannte Bouzoukispieler Kostas Papadopoulos aus Piräus sagte 2006 in einem Interview mit der ZEIT-ONLINE: „Es sind immer die einfachen Dinge, die uns berühren: die Töne, eine Stimme." [Quelle: http://www.zeit.de/2006/47/Griechenland-Rembetiko]. Wie Recht Kostas hat! In diesem Sinne…

… γεια σας και μεγάλη επιτυχία! Tschüss und viel Erfolg!

Ihr
Heiko Mittelstaedt

*Anmerkung: In der griechischen Sprache heißt es „ο μπαγλαμάς". Der griechische Artikel „ο" ist männlich. Ich halte mich an die männliche Form, auch wenn es für deutsche Ohren seltsam klingt und unserer Rechtschreibung/Grammatik durchaus zuwider läuft.

ERSTES KAPITEL

Die Reise nach Süden beginnt…
Die Grundlagen

Der Rembétiko – το ρεμπέτικο

Der Rembétiko (το ρεμπέτικο) wird gerne als „Schunkel-Blues der Gangster" bezeichnet. [Quelle: http://www.spiegel.de/reise/europa/griechischer-musikstil-rembetiko-schunkel-blues-der-gangster-a-775749.html] Von wirklich allen? Nein, ein kleines Volk – genannt die Griechen – machen es sich mit „ihrem" Rembétiko keineswegs leicht.

Für einen Griechen ist der Rembétiko weit mehr als „nur" Blues (Bluesfans mögen mir an dieser Stelle bitte verzeihen). Er ist vielmehr ein Stück liedgewordene Landesgeschichte. Er ist die Verkörperung griechisch/türkischer Tradition (griechische Leser mögen mir an dieser Stelle bitte verzeihen), gepaart mit einer gesunden Mischung aus ungebeugtem Patriotismus und gemischt mit deutlicher Kritik an der Obrigkeit. Der Rembétiko ist Schlager, Volks- und Kunstlied zugleich. Also doch irgendwie Blues…

Der Rembétiko kam in Griechenland in den 20er Jahren des vorigen Jahrunderts auf. Nach der kleinasiatischen Katastrophe von 1922 mussten rund 500.000 orthodoxe Gläubige aufgrund ihrer Glaubenszugehörigkeit ihre Heimat in der Türkei verlassen. Wer orthodox war, galt in der Türkei nämlich gnadenlos als Grieche, obwohl er vielleicht ganz und gar kein Grieche war und nicht mal griechische Wurzeln hatte. Nur wer muslimisch war, galt als „echter" Türke, und durfte bleiben. Die Flüchtlinge landeten völlig entwurzelt und verarmt in Thessaloniki, Athen und in Piräus. Ihre Situation verbesserte sich dort keinesfalls, denn wirklich willkommen waren sie in Griechenland nicht. Aus diesem traurigen Grund rutschte leider so mancher Einwanderer in die Kriminalität ab.

Um sich die erdrückenden Sorgen von der verletzten Seele zu schaffen, griffen viele Flüchtlinge auf die Musik zurück. Sie schufen einen neuen Stil, der griechische Texte mit türkischen Klängen (oder umgekehrt) vermischte – der Schunkel-Blues der Gangster... nein, der Rembétiko war geboren!

Die neue Musikrichtung lud oberflächlich zum Schunkeln ein. Wer ein Lied von Ferne hörte, bekam nichts Verdächtiges mit. Doch die Texte der Lieder hatten es in sich. Sie waren ofmals frivol und sie strotzten nur so vor Kritik an der griechischen Regierung. So kam, was kommen musste. Die Regierung verbot den Rembétiko und die Musiker waren gezwungen, sich in den Untergrund zu begeben, wenn sie nicht verhaftet werden wollten. Sie zogen des nachts in die Kaschemmen der Städte und um nicht aufzufallen, wurden die Instrumente immer kleiner, bis man sie schließlich unter der Kleidung verstecken konnte – der Baglamás war geboren!

In den 50er Jahren konnte der Rembétiko endlich in der Öffentlichkeit augeführt werden. In dieser Zeit entstanden die populärsten Musikstücke, die bis heute nahezu jedem griechischen Kind bekannt sind. In den 60er Jahren des vorigen Jahrunderts kam dann leider ein weiterer Dämpfer. Die Obristen-Regierung verbot den Rembétiko erneut. Wieder war man gezwungen, in den Untergrund auszuweichen, doch wenigstens musste der Baglamás nicht neu erfunden werden.

Übrigens: Der übliche **Rhythmus** im Rembétiko ist heutzutage oft ein **9/8-Takt** (z.B. beim Zeibekiko - το ζεϊμπέκικο). Der Takt wird verschieden unterteilt; mal in drei Zweiergruppen und eine Dreiergruppe (2+2+2+3) oder in drei Dreiergruppen (3+3+3). Man könnte auch sagen, dass der 9/8-Takt einem Dreivierteltakt (Walzer) mit Achtertriolen entspricht.

Der Baglamás – ο μπαγλαμάς

Der Baglamás (ο μπαγλαμάς) ist ein hell und laut klingendes, dreichöriges (το τρίχορδο) Saiteninstrument, das im Grunde eine Miniaturversion der dreichörigen Bouzouki (το μπουζούκι) darstellt. Der Baglamás wird im Rembétiko sowohl zum Melodiespiel als auch zur Liedbegleitung eingesetzt. Er ist in der Regel zwischen 40 – 60 cm lang und besitzt 6 Doppelsaiten mit der Stimmung:

Dd – aa – dd

Diese Stimmung wird manchmal auch als dd' – a'a' – d'd' aufgeschrieben. In Griechenland verwendet man fast immer die italienische Schreibweise:

RE RE – LA LA – RE RE

DO (C), RE (D), MI (E), FA (F), SOL (G), LA (A), SI (H/B)

Mein Baglamás stammt aus der „Schmiede" des bekannten Instrumentenbauers Yannis Loulourgas aus Pythagorió (Samos). Das Instrument ist 47 cm lang, hat eine Mensur von 29 cm und wiegt gerade einmal 270 Gramm. Die heutigen Instrumente sehen ganz anders aus, als ihre Vorfahren. Da es bei der Produktion im Geheimen stets schnell und kostengünstig gehen musste, schufen die Erbauer Instrumente mit ausschließlich 7 Bünden. Das war einfach zu berechnen und auch einfach zu spielen.

Mein Baglamás hat 15 Bünde und Yannis benötigte beim Bau viele Formeln, ein DIN A4-Blatt und einen Taschenrechner zur Ermittlung der richtigen Abstände. Hier eine Beschreibung (m)eines Baglamás:

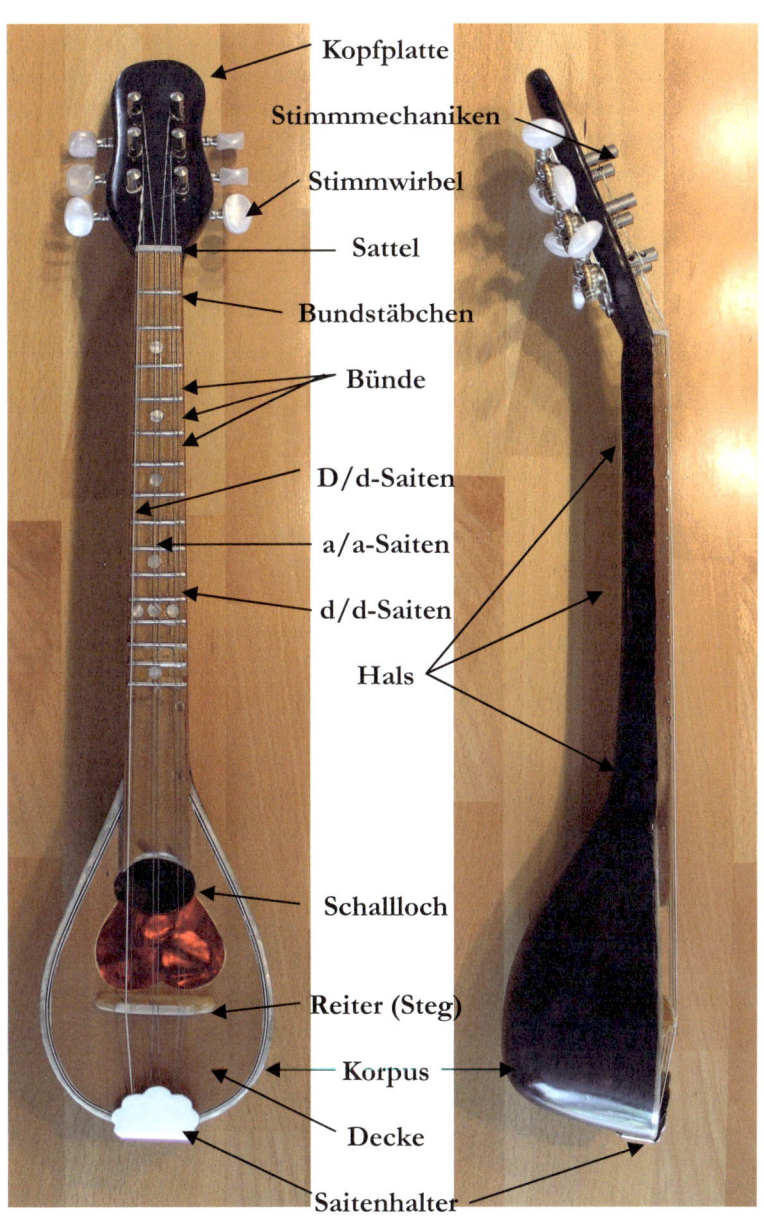

Meist erwirbt man einen Baglamás mit aufgezogenen **Saiten**. Das ist toll, aber was ist, wenn eine Saite reißt und ein Austausch erfolgen muss oder – nach längerer Spieldauer – einfach mal wieder frische Saiten aufgezogen werden sollen? Dann ist guter Rat oft teuer, denn auch an Baglamás-Saiten gelangt man in Deutschland nicht so ohne Weiteres. Suchen Sie entweder im Internet nach neuen Saiten (z.B. bei www.matsikas.gr) oder greifen Sie einfach auf andere Metallsaiten zu. Sie haben im Prinzip die freie Auswahl. Aber beachten müssen Sie, dass die neuen Saiten die richtige Stärke haben:

D-Saite (1 Stück): 0,20 mm
d-Saiten (3 Stück): 0,09 mm
a-Saiten (2 Stück): 0,12 mm

Das bringt mich gleich Thema **Stimmung**. Wie ich bereits erwähnte, lautet die Stimmung Dd – aa – dd:

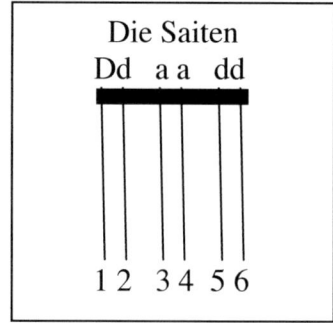

Die Saiten werden von oben nach unten durchnumeriert. Von oben heißt: Sie nehmen den Baglamás so in die Hand, als ob Sie ihn spielen wollten und blicken nach unten. Zuerst sehen Sie von oben her die dicke D-Saite, dann folgt die erste dünne d-Saite, dann die erste dünne a-Saite und immer so weiter, bis Sie an der letzten dünnen d-Saite angekommen sind. Das ist dann die 6. Saite.

Zum Stimmen der Saiten schaffen Sie sich am besten ein chromatisches **Stimmgerät** an. Es gibt mittlerweile elektronische Stimmgeräte, die man auf die Kopfplatte klemmen kann. Diese Geräte greifen den Ton über die Eigenschwingungen des Instruments ab. Das versetzt Sie in die glückliche Lage, Ihren Baglamás mitten im lautesten Gewimmel einer Taverne stimmen zu können. Diese Geräte sind billig und Sie sollten mehrere davon besitzen (ich verlege meine Teile immer). Sie sollten auch stets Ersatzbatterien bei sich tragen, um gewappnet zu sein.

Einige Puristen finden das mit Sicherheit uncool, aber sollte ein Stimmgerät tatsächlich einmal ausfallen, findet sich garantiert ein Referenzinstrument in der Nähe, oder ein Klavier, oder eine Stimmgabel, eine Stimmpfeife oder ein anderer griechischer Musiker, der ebenfalls ein elektronisches Stimmgerät bei sich trägt.

Wenn Sie nach dem Saitenaufziehen nach dem richtigen Ton suchen, lassen Sie sich von mir versichern, dass Sie dabei garantiert nichts falsch machen können. Das tiefe „D" auf der ersten Saite können Sie z.B. gar nicht verfehlen. Viel tiefer geht fast nicht und wenn doch, schlackert die Saite ganz übel. Das hohe „d" erreichen Sie auf dieser Saite erst gar nicht. Entweder reißt Ihnen die 1. Saite oder Ihnen fliegt das ganze Instrument um die Ohren. Bei den anderen Saiten verhält es sich im Grunde ganz genauso. Tasten Sie sich also ganz langsam an die richtige Spannung und den richtigen Ton der Saite heran. Es wird schon schiefgehen…

Wo ich gerade bei „schief" bin… Kommen wir zur richtigen **Haltung** des Baglamás: Ein Baglamás wird wie eine Ukulele gehalten, die wiederum ähnlich der Gitarre gehalten wird. So!

Zuerst einmal ist wichtig, dass Sie beim Halten nicht verkrampfen. Das Instrument wiegt lediglich um die 300 Gramm. Sie müssen Ihren Baglamás also nicht umklammern wie einen Sack Kartoffeln im strömenden Regen. Sie müssen ihn aber auch nicht mit Samthandschuhen anfassen, sonst fällt er Ihnen herunter. Ihre Haltekraft sollte also irgendwo in der Mitte zwischen Kartoffelsack und zartem Entenküken liegen.

Der Körper der Baglamás ruht in Höhe Ihrer rechten Brust (etwas unterhalb davon). Ihr rechter Unterarm befindet sich an der Decke der Baglamás, wobei die Handwurzel Ihrer rechten Hand auf dem Saitenhalter ruht. Das ist wichtig, damit beim Spielen die Saiten nicht abgedämpft werden. Der Hals des Instruments liegt in Höhe des Sattels locker auf Ihrer leicht gekrümmten linken Hand (zwischen Daumen und Zeigefinger).

So wird der Baglamás im Grunde immer gehalten. Sie können das Instrument im Sitzen aber auch auf dem Oberschenkel ablegen. Auch hier werden einige Puristen sicherlich laut aufschreien, aber ich habe in Tavernen griechische Musiker gesehen, bei denen nicht mehr zu erkennen war, wer beim Spielen eigentlich wen hielt.

Das ist erneut das richtige Stichwort für mich, denn jetzt komme ich zum **Spielen** des Baglamás:

Der Baglamás wird immer mit einem **Plektrum** gespielt und zwar nicht (nur) aus der griechischen Tradition heraus, sondern weil man sonst keinen klaren und laut und deutlich vernehmbaren Ton erzeugen kann. Es gibt zwar auch Zupftechniken mit den Fingern, aber darauf gehe ich nicht näher ein, weil es sehr viel Übung bedarf, um so zu spielen. Ich spiele meinen Baglamás übrigens immer dann wie eine Gitarre mit den Fingern, wenn ich zu einer späten Uhrzeit oder in einer Umgebung, in der das Spielen störend wäre, musiziere.

Welches Plektrum das Geeignete ist, müssen Sie im Laufe der Zeit selbst herausfinden. Es gibt harte, weiche, blaue, grüne, rote, bunte, noch buntere usw. Ich kann Ihnen da wirklich nichts empfehlen. Ich kann Ihnen aber raten, beim Spielen mit dem Plektrum stets locker zu bleiben. Klemmen Sie Ihr Plektrum nicht zu fest zwischen Zeigefinger und Daumen.

Legen Sie das Plektrum auf Ihren stark gekrümmten rechten Zeigefinger. Die Spitze zeigt direkt auf Sie. Mit dem Daumen drücken Sie nun leicht von oben. Damit sorgen Sie für den nötigen Halt. Jetzt können Sie Ihren Baglamás anschlagen. Sie sollten die Decke des Instruments beim Spielen nach Möglichkeit mit keinem der „überschüssigen" Finger berühren, da Sie sonst die Lautstärke Ihres Instruments erheblich dämpfen könnten. Außerdem sieht es nicht gut aus und wird von griechischen Spielern als schlechter Stil angesehen.

Zum **Anschlag** sollten Sie noch wissen, dass es zwei Anschlagrichtungen gibt, den Abschlag (bei den Hauptzählzeiten) und den Aufschlag (bei den Nebenzählzeiten und bei „und"). Sie müssen sich damit am Anfang nicht unbedingt befassen, aber vielleicht üben Sie es dennoch schon mal, da auf diese korrekte Spielweise später viel Wert gelegt wird.

Der Anschlag erfolgt ausschließlich aus dem Handgelenk heraus. An dieser Technik sollten Sie vom ersten Augenblick an arbeiten, denn nur so ist später das schnelle Spielen auf dem Baglamás möglich. Keinesfalls wird beim Spielen die ganze Hand bewegt.

Soweit zur rechten Hand. Kommen wir nun zur linken Hand, der **Greifhand**. Jedem Finger sind zum Greifen bestimmte Bünde zugeordnet. Ihnen stehen an der linken Hand 4 Finger zur Verfügung, was Sie ohne Probleme bis zum 7. Bund kommen lässt (erste Lage genannt).

Kommt Ihnen der 7. Bund bekannt vor? Genau, die frühen Instrumente hatten nur 7 Bünde. Wollen Sie weiter hoch spielen (z.B. bis zum 15. Bund und darüber hinaus), müssen Sie umgreifen.

Fingerzuordnung:

1. Finger = Zeigefinger = greift im 1. und 2. Bund
2. Finger = Mittelfinger = greift im 3. und 4. Bund
3. Finger = Ringfinger = greift im 5. und 6. Bund
4. Finger = kleiner Finger = greift im 7. Bund

Diese Greiftechnik (z.b. beim Üben der Straßen im nächsten Kapitel) sollten Sie sich von vorn herein angewöhnen. Natürlich könnten Sie sämtliche Töne auf dem Baglamás auch nur mit dem linken Zeigefinger greifen, aber wirklich elegant sieht das nicht aus und richtig schnell werden Sie damit auch nicht, was Sie bei einem 9/8-Takt aber sein müssen.

Wenn Sie bis zum 15. Bund – oder darüber hinaus – spielen wollen, müssen Sie das Umgreifen üben. Im Grunde können Sie wie folgt greifen:

1. Finger = Zeigefinger = greift im 8. und 9. Bund
2. Finger = Mittelfinger = greift im 10. und 11. Bund
3. Finger = Ringfinger = greift im 12. und 13. Bund
4. Finger = kleiner Finger = greift im 14. und 15. Bund (je nach Baglamás auch höher)

In der Praxis nutzt man beim Spielen einer Melodie meist nur den ersten und zweiten Finger für das weitere Hochspielen. In Ausnahmefällen (beim 15. Bund) auch schon mal den dritten Finger. Der vierte Finger kommt fast nie zum Einsatz. Das für Sie passende Umgreifen müssen Sie aber im Grunde für sich herausfinden.

Sie werden übrigens bereits früh merken, fast nur die a/a-Saiten (Saiten 3 und 4) und eigentlich sogar nur die d/d-Saiten (Saiten 5 und 6) bespielt werden. Die D/d-Saiten (1 und 2) sind eher passiv und werden im Melodiespiel meist kurz als Bass-Saiten angeschlagen beziehungsweise kommen erst beim Akkordspiel (Liedbegleitung) richtig zum Einsatz.

Wenn Sie Töne auf einer Saite, ganz gleich auf welcher Saite, nach oben spielen, sollten Sie sich angewöhnen, den ersten Finger auch dann noch liegen zu lassen, wenn bereits der zweite Finger gespielt wird. So geht das bis zum vierten Finger weiter. Für diese Spielweise brauchen Sie viel Übung, aber Sie vermeiden mit dieser sauberen Spieltechnik unnötige Bewegungen. Ihr Spiel wird zudem wesentlich flüssiger und die Übergänge der einzelnen Töne klingen sauberer.

So, mehr Grundlagen brauchen Sie aus meiner Sicht nicht. Sie sind jetzt bereit für das Melodiespiel. Folgen Sie mir nun auf die „Straßen nach Süden"…

ZWEITES KAPITEL

Auf den Straßen nach Süden… Das Melodiespiel

Die Straßen – οι δρόμοι

Im Rembétiko kommen verschiedene Tonleitern zum Einsatz. Selbst wenn man das jeweilige Stück nicht kennt, kann man dennoch mitspielen. Wichtig ist nur, dass man die zugrunde liegende Straße kennt. Schon kann es mit dem Improvisieren losgehen. Ich stelle Ihnen nachfolgend eine Auswahl von 18 Straßen vor:

- Diatonic Minor (Moll)
- Harmonic Minor (Moll)
- Hitzaz
- Hitzazkiar
- Houseini (aufsteigend und absteigend)
- Housam
- Kiourdi (aufsteigend und absteigend)
- Major (Dur)
- Neversi
- Ousak
- Pireotikos
- Rast (aufsteigend und absteigend)
- Sabah
- Sengiah
- Sousinak
- Tabahaniotikos
- Tsiganikos (aufsteigend und absteigend)

Sie sollten sich vor dem Üben der Straßen bereits jetzt mit dem übersichtlichen Griffbrett Ihres Baglamás und den darauf zu greifenden Tönen auseinandersetzen:

0	1	2	3	4	5	6	7	8	9	10	11	12
D	D# Eb	E	F	F# Gb	G	G# Ab	A	A# Bb	B	C	C# Db	D
A	A# Bb	B	C	C# Db	D	D# Eb	E	F	F# Gb	G	G# Ab	A
D	D# Eb	E	F	F# Gb	G	G# Ab	A	A# Bb	B	C	C# Db	D

Ich habe die Töne auf dem Griffbrett nur bis zum 12. Bund dargestellt, weil sie sich ab dem 13. Bund wiederholen. Der Bund „0" steht für die leer angeschlagenen Saiten.

Nachfolgend stelle ich Ihnen die 18 Tonleitern vor. Ich zeige Ihnen zuerst immer die reine Notation für die d/d-Saiten und die a/a-Saiten. Versuchen Sie jedes Mal, den jeweils dazu passenden Bund auf dem Griffbrett ohne Hilfe zu finden.

Beispiel: Wenn ich Ihnen für die d/d-Saiten die Notation D, E, F, G, A, Bb, C, D aufschreibe, müssen Sie hintereinander die Bünde 0 (leere Saite anschlagen), 2, 3, 5, 7, 8, 10, 12 anschlagen. Nach Möglichkeit mit dem richtigen Fingersatz und am Besten auf- und abschlagend.

Für die Ungeduldigen unter Ihnen schreibe ich danach auch die zu greifenden Bünde auf.

Im Grunde wird nur auf den ersten beiden Saitenpaaren gespielt. Wenn Sie die jeweilige Tonleiter für die d/d-Saiten auch auf den D/d-Saiten spielen wollen, sind die Töne auf dem Griffbrett selbstredend analog zur d/d-Saite zu greifen. Los geht's (πάμε!):

Diatonic Minor (Moll)

Griffbrett d/d-Saiten

0	1	2	3	4	5	6	7	8	9	10	11	12
D	D#/Eb	E	F	F#/Gb	G	G#/Ab	A	A#/Bb	B	C	C#/Db	D

Griffbrett a/a-Saiten

0	1	2	3	4	5	6	7	8	9	10	11	12
A	A#/Bb	B	C	C#/Db	D	D#/Eb	E	F	F#/Gb	G	G#/Ab	A

d/d-Saiten:

    D   E   F   G   A   Bb   C   D

a/a-Saiten:

    A   Bb   C   D   E   F   G   A

d/d-Saiten

    0   2   3   5   7   8   10   12

a/a-Saiten:

    0   1   3   5   7   8   10   12

Harmonic Minor (Moll)

Griffbrett d/d-Saiten

0	1	2	3	4	5	6	7	8	9	10	11	12
D	D#/Eb	E	F	F#/Gb	G	G#/Ab	A	A#/Bb	B	C	C#/Db	D

Griffbrett a/a-Saiten

0	1	2	3	4	5	6	7	8	9	10	11	12
A	A#/Bb	B	C	C#/Db	D	D#/Eb	E	F	F#/Gb	G	G#/Ab	A

d/d-Saiten:

    D   E   F   G   A   Bb   C#   D

a/a-Saiten:

    A   Bb   C#   D   E   F   G   A

d/d-Saiten

    0   2   3   5   7   8   11   12

a/a-Saiten:

    0   1   4   5   7   8   10   12

Hitzaz

Griffbrett d/d-Saiten

0	1	2	3	4	5	6	7	8	9	10	11	12
D	D# Eb	E	F	F# Gb	G	G# Ab	A	A# Bb	B	C	C# Db	D

Griffbrett a/a-Saiten

0	1	2	3	4	5	6	7	8	9	10	11	12
A	A# Bb	B	C	C# Db	D	D# Eb	E	F	F# Gb	G	G# Ab	A

d/d-Saiten:

    D   Eb   F#   G   A   Bb   C   D

a/a-Saiten:

    A   Bb   C   D   Eb   F   G   A

d/d-Saiten

    0   1   4   5   7   8   10   12

a/a-Saiten:

    0   1   3   5   6   9   10   12

Hitzazkiar

Griffbrett d/d-Saiten

0	1	2	3	4	5	6	7	8	9	10	11	12
D	D#/Eb	E	F	F#/Gb	G	G#/Ab	A	A#/Bb	B	C	C#/Db	D

Griffbrett a/a-Saiten

0	1	2	3	4	5	6	7	8	9	10	11	12
A	A#/Bb	B	C	C#/Db	D	D#/Eb	E	F	F#/Gb	G	G#/Ab	A

d/d-Saiten:

    D   Eb   F#   G   A   Bb   C#   D

a/a-Saiten:

    A   Bb   C#   D   Eb   F#   G   A

d/d-Saiten

    0   1   4   5   7   8   11   12

a/a-Saiten:

    0   1   4   5   6   9   10   12

Houseini (aufsteigend)

Griffbrett d/d-Saiten

0	1	2	3	4	5	6	7	8	9	10	11	12
D	D#/Eb	E	F	F#/Gb	G	G#/Ab	A	A#/Bb	B	C	C#/Db	D

Griffbrett a/a-Saiten

0	1	2	3	4	5	6	7	8	9	10	11	12
A	A#/Bb	B	C	C#/Db	D	D#/Eb	E	F	F#/Gb	G	G#/Ab	A

d/d-Saiten:

    D   E   F#   G   A   B   C   D

a/a-Saiten:

    A   B   C   D   E   F#   G   A

d/d-Saiten

    0   2   4   5   7   9   10   12

a/a-Saiten:

    0   2   3   5   7   9   10   12

Houseini (absteigend)

Griffbrett d/d-Saiten

0	1	2	3	4	5	6	7	8	9	10	11	12
D	D#/Eb	E	F	F#/Gb	G	G#/Ab	A	A#/Bb	B	C	C#/Db	D

Griffbrett a/a-Saiten

0	1	2	3	4	5	6	7	8	9	10	11	12
A	A#/Bb	B	C	C#/Db	D	D#/Eb	E	F	F#/Gb	G	G#/Ab	A

d/d-Saiten:

    D   C   Bb   A   G   F   E   D

a/a-Saiten:

    A   G   F   E   D   C   Bb   A

d/d-Saiten

    12   10   8   7   5   3   2   0

a/a-Saiten:

    12   10   8   7   5   3   1   0

Kiourdi (aufsteigend)

Griffbrett d/d-Saiten

0	1	2	3	4	5	6	7	8	9	10	11	12
D	D#/Eb	E	F	F#/Gb	G	G#/Ab	A	A#/Bb	B	C	C#/Db	D

Griffbrett a/a-Saiten

0	1	2	3	4	5	6	7	8	9	10	11	12
A	A#/Bb	B	C	C#/Db	D	D#/Eb	E	F	F#/Gb	G	G#/Ab	A

d/d-Saiten:

    D   E   F   G   Ab   B   C   D

a/a-Saiten:

    Bb   B   C   D   E   F   G   Ab

d/d-Saiten

    0   2   3   5   6   9   10   12

a/a-Saiten:

    1   2   3   5   7   8   10   11

Kiourdi (absteigend)

Griffbrett d/d-Saiten

0	1	2	3	4	5	6	7	8	9	10	11	12
D	D#/Eb	E	F	F#/Gb	G	G#/Ab	A	A#/Bb	B	C	C#/Db	D

Griffbrett a/a-Saiten

0	1	2	3	4	5	6	7	8	9	10	11	12
A	A#/Bb	B	C	C#/Db	D	D#/Eb	E	F	F#/Gb	G	G#/Ab	A

d/d-Saiten:

D   C   Bb   A   G   F   E   D

a/a-Saiten:

A   G   F   E   D   C   Bb   A

d/d-Saiten

12   10   8   7   5   3   2   0

a/a-Saiten:

12   10   8   7   5   3   1   0

33

Housam

Griffbrett d/d-Saiten

0	1	2	3	4	5	6	7	8	9	10	11	12
D	D#/Eb	E	F	F#/Gb	G	G#/Ab	A	A#/Bb	B	C	C#/Db	D

Griffbrett a/a-Saiten

0	1	2	3	4	5	6	7	8	9	10	11	12
A	A#/Bb	B	C	C#/Db	D	D#/Eb	E	F	F#/Gb	G	G#/Ab	A

d/d-Saiten:

D	F	F#	G	A	B	C#	D

a/a-Saiten:

A	B	C#	D	F	F#	G	A

d/d-Saiten

0	3	4	5	7	9	11	12

a/a-Saiten:

0	2	4	5	8	9	10	12

Major (Dur)

Griffbrett d/d-Saiten

0	1	2	3	4	5	6	7	8	9	10	11	12
D	D#/Eb	E	F	F#/Gb	G	G#/Ab	A	A#/Bb	B	C	C#/Db	D

Griffbrett a/a-Saiten

0	1	2	3	4	5	6	7	8	9	10	11	12
A	A#/Bb	B	C	C#/Db	D	D#/Eb	E	F	F#/Gb	G	G#/Ab	A

d/d-Saiten:

D E F# G A B C# D

a/a-Saiten:

A B C# D E F# G A

d/d-Saiten

0 2 4 5 7 9 11 12

a/a-Saiten:

0 2 4 5 7 9 10 12

35

Neversi

Griffbrett d/d-Saiten

0	1	2	3	4	5	6	7	8	9	10	11	12
D	D#/Eb	E	F	F#/Gb	G	G#/Ab	A	A#/Bb	B	C	C#/Db	D

Griffbrett a/a-Saiten

0	1	2	3	4	5	6	7	8	9	10	11	12
A	A#/Bb	B	C	C#/Db	D	D#/Eb	E	F	F#/Gb	G	G#/Ab	A

d/d-Saiten:

   D   Eb   F   F#   A   Bb   C   C#

a/a-Saiten:

   A   Bb   C   C#   D   Eb   F   F#

d/d-Saiten

   0   1   3   4   7   8   10   11

a/a-Saiten:

   0   1   3   4   5   6   8   9

Niavent

Griffbrett d/d-Saiten

0	1	2	3	4	5	6	7	8	9	10	11	12
D	D#/Eb	E	F	F#/Gb	G	G#/Ab	A	A#/Bb	B	C	C#/Db	D

Griffbrett a/a-Saiten

0	1	2	3	4	5	6	7	8	9	10	11	12
A	A#/Bb	B	C	C#/Db	D	D#/Eb	E	F	F#/Gb	G	G#/Ab	A

d/d-Saiten:

    D   E   F   Ab   A   Bb   C#   D

a/a-Saiten:

    A   Bb   C#   D   E   F   Ab   A

d/d-Saiten

    0   2   3   6   7   8   11   12

a/a-Saiten:

    0   1   4   5   7   8   11   12

Ousak

Griffbrett d/d-Saiten

0	1	2	3	4	5	6	7	8	9	10	11	12
D	D#/Eb	E	F	F#/Gb	G	G#/Ab	A	A#/Bb	B	C	C#/Db	D

Griffbrett a/a-Saiten

0	1	2	3	4	5	6	7	8	9	10	11	12
A	A#/Bb	B	C	C#/Db	D	D#/Eb	E	F	F#/Gb	G	G#/Ab	A

d/d-Saiten:

    D   Eb   F   G   A   Bb   C   D

a/a-Saiten:

    A   Bb   C   D   Eb   F   G   A

d/d-Saiten

    0   1   3   5   7   8   10   12

a/a-Saiten:

    0   1   3   5   6   8   10   12

Pireotikos

Griffbrett d/d-Saiten

0	1	2	3	4	5	6	7	8	9	10	11	12
D	D# Eb	E	F	F# Gb	G	G# Ab	A	A# Bb	B	C	C# Db	D

Griffbrett a/a-Saiten

0	1	2	3	4	5	6	7	8	9	10	11	12
A	A# Bb	B	C	C# Db	D	D# Eb	E	F	F# Gb	G	G# Ab	A

d/d-Saiten:

    D   Eb   F#   G   Ab   Bb   C#   D

a/a-Saiten:

    Bb   C#   D   Eb   F#   G   Ab   **Bb**

d/d-Saiten

    0   1   4   5   6   8   11   12

a/a-Saiten:

    1   4   5   6   9   10   11   **13**

Rast (aufsteigend)

Griffbrett d/d-Saiten

0	1	2	3	4	5	6	7	8	9	10	11	12
D	D#/Eb	E	F	F#/Gb	G	G#/Ab	A	A#/Bb	B	C	C#/Db	D

Griffbrett a/a-Saiten

0	1	2	3	4	5	6	7	8	9	10	11	12
A	A#/Bb	B	C	C#/Db	D	D#/Eb	E	F	F#/Gb	G	G#/Ab	A

d/d-Saiten:

D E F# G A B C# D

a/a-Saiten:

A B C# D E F# G A

d/d-Saiten

0 2 4 5 7 9 11 12

a/a-Saiten:

0 2 4 5 7 9 10 12

Rast (absteigend)

Griffbrett d/d-Saiten

0	1	2	3	4	5	6	7	8	9	10	11	12
D	D#/Eb	E	F	F#/Gb	G	G#/Ab	A	A#/Bb	B	C	C#/Db	D

Griffbrett a/a-Saiten

0	1	2	3	4	5	6	7	8	9	10	11	12
A	A#/Bb	B	C	C#/Db	D	D#/Eb	E	F	F#/Gb	G	G#/Ab	A

d/d-Saiten:

    D   C   B   A   G   F#   E   D

a/a-Saiten:

    A   G   F#   E   D   C   B   A

d/d-Saiten

    12   10   9   7   5   4   2   0

a/a-Saiten:

    12   10   9   7   5   3   2   0

Sabah

Griffbrett d/d-Saiten

0	1	2	3	4	5	6	7	8	9	10	11	12
D	D#/Eb	E	F	F#/Gb	G	G#/Ab	A	A#/Bb	B	C	C#/Db	D

Griffbrett a/a-Saiten

0	1	2	3	4	5	6	7	8	9	10	11	12
A	A#/Bb	B	C	C#/Db	D	D#/Eb	E	F	F#/Gb	G	G#/Ab	A

d/d-Saiten:

| D | E | F | F# | A | Bb | C | D |

a/a-Saiten:

| A | Bb | C | D | E | F | F# | A |

d/d-Saiten

| 0 | 2 | 3 | 4 | 7 | 8 | 10 | 12 |

a/a-Saiten:

| 0 | 1 | 3 | 5 | 7 | 8 | 9 | 12 |

Sengiah

Griffbrett d/d-Saiten

0	1	2	3	4	5	6	7	8	9	10	11	12
D	D#/Eb	E	F	F#/Gb	G	G#/Ab	A	A#/Bb	B	C	C#/Db	D

Griffbrett a/a-Saiten

0	1	2	3	4	5	6	7	8	9	10	11	12
A	A#/Bb	B	C	C#/Db	D	D#/Eb	E	F	F#/Gb	G	G#/Ab	A

d/d-Saiten:

D   F   F#   G   A   Bb   C#   D

a/a-Saiten:

A   Bb   C#   D   F   F#   G   A

d/d-Saiten

0   3   4   5   7   8   11   12

a/a-Saiten:

0   1   4   5   8   9   10   12

43

Sousinak

Griffbrett d/d-Saiten

0	1	2	3	4	5	6	7	8	9	10	11	12
D	D#/Eb	E	F	F#/Gb	G	G#/Ab	A	A#/Bb	B	C	C#/Db	D

Griffbrett a/a-Saiten

0	1	2	3	4	5	6	7	8	9	10	11	12
A	A#/Bb	B	C	C#/Db	D	D#/Eb	E	F	F#/Gb	G	G#/Ab	A

d/d-Saiten:

    D   E   F   Ab   A   B   C   D

a/a-Saiten:

    A   B   C   D   E   F   Ab   A

d/d-Saiten

    0   2   3   6   7   9   10   12

a/a-Saiten:

    0   2   3   5   7   8   11   12

Tabahaniotikos

Griffbrett d/d-Saiten

0	1	2	3	4	5	6	7	8	9	10	11	12
D	D#/Eb	E	F	F#/Gb	G	G#/Ab	A	A#/Bb	B	C	C#/Db	D

Griffbrett a/a-Saiten

0	1	2	3	4	5	6	7	8	9	10	11	12
A	A#/Bb	B	C	C#/Db	D	D#/Eb	E	F	F#/Gb	G	G#/Ab	A

d/d-Saiten:

    D   E   F#   G   A   Bb   C#   D

a/a-Saiten:

    A   Bb   C#   D   E   F#   G   A

d/d-Saiten

    0   2   4   5   7   8   11   12

a/a-Saiten:

    0   1   4   5   7   9   10   12

Tsiganikos (aufsteigend)

Griffbrett d/d-Saiten

0	1	2	3	4	5	6	7	8	9	10	11	12
D	D# Eb	E	F	F# Gb	G	G# Ab	A	A# Bb	B	C	C# Db	D

Griffbrett a/a-Saiten

0	1	2	3	4	5	6	7	8	9	10	11	12
A	A# Bb	B	C	C# Db	D	D# Eb	E	F	F# Gb	G	G# Ab	A

d/d-Saiten:

    D   Eb   F#   G   Ab   B   C   D

a/a-Saiten:

    Bb   B   C   D   Eb   F#   G   G#

d/d-Saiten

    0   1   4   5   6   9   10   12

a/a-Saiten:

    1   2   3   5   6   9   10   11

Tsiganikos (absteigend)

Griffbrett d/d-Saiten

0	1	2	3	4	5	6	7	8	9	10	11	12
D	D#/Eb	E	F	F#/Gb	G	G#/Ab	A	A#/Bb	B	C	C#/Db	D

Griffbrett a/a-Saiten

0	1	2	3	4	5	6	7	8	9	10	11	12
A	A#/Bb	B	C	C#/Db	D	D#/Eb	E	F	F#/Gb	G	G#/Ab	A

d/d-Saiten:

    D   C   Bb   A   G   F#   E   D

a/a-Saiten:

    A   G   F#   E   D   C   Bb   A

d/d-Saiten

    12   10   8   7   5   4   2   0

a/a-Saiten:

    12   10   9   7   5   3   1   0

DRITTES KAPITEL

Der Süden ist erreicht…
Die Liedbegleitung

Die Akkorde – οι χορδές

Der Baglamás ist ein hervorragendes Begleitinstrument, auf dem man unglaublich einfach Akkorde spielen kann. Man muss nur eine Sache beherrschen: Das Griffbrett des Baglamás!

Sie kommen also spätestens an dieser Stelle des Buches nicht mehr um das übersichtliche Griffbrett Ihres Baglamás und den darauf zu greifenden Tönen herum. Lernen Sie die Töne bitte unbedingt auswendig. Ich sage Ihnen gleich, warum sich die Mühe lohnt. Hier aber vorweg noch einmal das Griffbrett für Sie:

0	1	2	3	4	5	6	7	8	9	10	11	12
D	D#/Eb	E	F	F#/Gb	G	G#/Ab	A	A#/Bb	B	C	C#/Db	D
A	A#/Bb	B	C	C#/Db	D	D#/Eb	E	F	F#/Gb	G	G#/Ab	A
D	D#/Eb	E	F	F#/Gb	G	G#/Ab	A	A#/Bb	B	C	C#/Db	D

Ich habe die Töne auf dem Griffbrett nur bis zum 12. Bund dargestellt, weil sie sich ab dem 13. Bund wiederholen. Der Bund „0" steht für die leer angeschlagenen Saiten.

Bei vielen Saiteninstrumenten muss man eine Vielzahl verschiedener Griffe und Grifftechniken lernen, um Akkorde spielen zu können. Beim Baglamás ist das anders. Die meisten Akkorde basieren nämlich auf den Tönen der a/a-Saiten und einer einzigen Grifftechnik.

0	1	2	3	4	5	6	7	8	9	10	11	12
A	A# Bb	B	C	C# Db	D	D# Eb	E	F	F# Gb	G	G# Ab	A

Man unterscheidet Dur-Akkorde und Moll-Akkorde. Wenn Sie sich die gelb markierten Töne auf den a/a-Saiten anschauen, werden Sie feststellen, dass Sie allein mit den a/a-Saiten als Basis im Grunde 14 Akkorde spielen können:

Dur-Akkorde

B C D E F G A

Moll-Akkorde

Bm Cm Dm Em Fm Gm Am

Um einen der genannten Akkorde zu greifen, benötigen Sie drei Finger Ihrer linken Hand:

1. Finger = Zeigefinger (liegt immer auf den d/d-Saiten)
2. Finger = Mittelfinger (liegt immer auf den a/a-Saiten)
3. Finger = Ringfinger (liegt immer auf den D/d-Saiten)

Sie legen den Mittelfinger auf den Bund mit dem passenden Grundton Ihres Akkords auf den a/a-Saiten. **Ihr Mittelfinger auf den a/a-Saiten bestimmt den Namen des Akkords**. Der Zeigefinger greift die d/d-Saiten im Bund davor und der Ringfinger den übernächsten Bund auf den D/d-Saiten.

Beispiel:

Sie wollen einen B-Dur Akkord spielen? Legen Sie Ihren Mittelfinger auf die a/a-Saiten im 2. Bund (Ton B), den Zeigefinger auf die d/d-Saiten im 1. Bund (Ton D# bzw. Eb) und den Ringfinger auf die D/d-Saiten im... genau, im 4. Bund (Ton F# bzw. Gb).

0	1	2	3	4	5	6	7	8	9	10	11	12
D	D# Eb	E	F	F# Gb	G	G# Ab	A	A# Bb	B	C	C# Db	D
A	A# Bb	**B**	C	C# Db	D	D# Eb	E	F	F# Gb	G	G# Ab	A
D	D# Eb	E	F	F# Gb	G	G# Ab	A	A# Bb	B	C	C# Db	D

Noch ein Beispiel gefällig?

Nehmen den E-Dur Akkord. Sie legen Ihren Mittelfinger auf die a/a-Saiten im 7. Bund (Ton E), den Zeigefinger auf die d/d-Saiten im 6. Bund (Ton G# bzw. Ab) und den Ringfinger auf die D/d-Saiten im 8. Bund (Ton B).

0	1	2	3	4	5	6	7	8	9	10	11	12
D	D# Eb	E	F	F# Gb	G	G# Ab	A	A# Bb	B	C	C# Db	D
A	A# Bb	B	C	C# Db	D	D# Eb	**E**	F	F# Gb	G	G# Ab	A
D	D# Eb	E	F	F# Gb	G	G# Ab	A	A# Bb	**B**	C	C# Db	D

So können Sie vom unteren B-Dur bis zum hohen A-Dur spielen; Moll-Akkorde eigentlich erst ab Cm und das hat einen Grund:

Um einen Moll-Akkord zu greifen, müssen Sie Ihren Zeigefinger nämlich um einen Bund nach unten verschieben. Sie haben dann jeweils einen Bund Zwischenraum zwischen Ihrem Grundton auf den a/a-Saiten. Das klappt aber erst ab Cm.

Beispiel:

Um einen E-Moll Akkord zu greifen, müssen Sie Ihren Mittelfinger wie gehabt auf die a/a-Saiten im 7. Bund (Ton E) legen, den Zeigefinger diesmal allerdings auf die d/d-Saiten im 5. Bund (Ton G). Der Ringfinger verbleibt auf den D/d-Saiten im 8. Bund (Ton B).

0	1	2	3	4	5	6	7	8	9	10	11	12
D	D#/Eb	E	F	F#/Gb	G	G#/Ab	A	A#/Bb	B	C	C#/Db	D
A	A#/Bb	B	C	C#/Db	D	D#/Eb	E	F	F#/Gb	G	G#/Ab	A
D	D#/Eb	E	F	F#/Gb	G	G#/Ab	A	A#/Bb	B	C	C#/Db	D

Wie Sie sehen, klappt dieser Griff in der vorgestellten Art und Weise erst ab dem Cm. Bei Bm können Sie die Grifftechnik so leider nicht anwenden.

Natürlich ist es möglich, den Ton B und F# (Gb) zu spielen und die d/d-Saiten leer anzuschlagen. Das ist korrekt und klingt gut. Es gibt aber noch eine zweite Grifftechnik, die diesmal auf den d/d-Saiten basiert. Damit kann man dann einen Bm-Akkord (klingt etwas höher) spielen , bei dem 3 Finger zum Einsatz kommen.

0	1	2	3	4	5	6	7	8	9	10	11	12
D	D#/Eb	E	F	F#/Gb	G	G#/Ab	A	A#/Bb	B	C	C#/Db	D

Diese zweite Grifftechnik ist wichtig, weil die Akkorde auf den a/a-Saiten ab dem 7. Bund (da ist mal wieder unser 7. Bund!) immer höher klingen und vor allem immer schwieriger mit unseren großen Fingern zu greifen sind. Sie sollten sich bei den Akkorden, die auf den a/a-Saiten basieren, daher besser auf folgende 8 Akkorde beschränken:

Dur-Akkorde:

C   D   E   F

Moll-Akkorde:

Cm   Dm   Em   Fm

Kommen wir nun zur zweiten Grifftechnik, für die Sie erneut drei (diesmal andere) Finger Ihrer linken Hand benötigen:

1. Finger = Zeigefinger (liegt immer auf den a/a-Saiten)
4. Finger = kleiner Finger (liegt immer auf den d/d-Saiten)
3. Finger = Ringfinger (liegt immer auf den D/d-Saiten)

Sie legen den kleinen Finger auf den Bund mit dem passenden Grundton Ihres Akkords auf den d/d-Saiten. **Ihr kleiner Finger auf den d/d-Saiten bestimmt diesmal den Namen des Akkords.** Der Zeigefinger greift davor die a/a-Saiten mit zwei Bünden Abstand und der Ringfinger im gleichen Bund wie der kleine Finger auf den D/d-Saiten.

Beispiel:

Nehmen wir an, Sie wollen erneut einen B-Dur Akkord spielen? Legen Sie Ihren kleinen Finger diesmal auf die d/d-Saiten im 9. Bund (Ton B), den Ringfinger auf die D/d-Saiten im 9. Bund (Ton

B) und den Zeigefinger auf die a/a-Saiten im… genau, im 7. Bund (Ton D# bzw Eb).

0	1	2	3	4	5	6	7	8	9	10	11	12
D	D#/Eb	E	F	F#/Gb	G	G#/Ab	A	A#/Bb	B	C	C#/Db	D
A	A#/Bb	B	C	C#/Db	D	D#/Eb	E	F	F#/Gb	G	G#/Ab	A
D	D#/Eb	E	F	F#/Gb	G	G#/Ab	A	A#/Bb	B	C	C#/Db	D

Noch ein Beispiel gefällig?

Nehmen den C-Dur Akkord. Legen Sie Ihren kleinen Finger auf die d/d-Saiten im 10. Bund (Ton C), den Ringfinger auf die D/d-Saiten im 10. Bund (Ton C) und den Zeigefinger auf die a/a-Saiten im… genau, im 7. Bund (Ton E).

0	1	2	3	4	5	6	7	8	9	10	11	12
D	D#/Eb	E	F	F#/Gb	G	G#/Ab	A	A#/Bb	B	C	C#/Db	D
A	A#/Bb	B	C	C#/Db	D	D#/Eb	E	F	F#/Gb	G	G#/Ab	A
D	D#/Eb	E	F	F#/Gb	G	G#/Ab	A	A#/Bb	B	C	C#/Db	D

Auch bei dieser Grifftechnik sind natürlich Moll-Akkorde möglich. Diesmal verschiebt sich der Zeigefinger und er verschiebt sich um einen Bund nach unten. Sie haben bei Moll Akkorden dann drei Bünde Zwischenraum.

Schauen wir uns als Beispiel die beiden Akkorde Bm und Cm an, die wie folgt aussehen:

0	1	2	3	4	5	6	7	8	9	10	11	12
D	D#/Eb	E	F	F#/Gb	G	G#/Ab	A	A#/Bb	B	C	C#/Db	D
A	A#/Bb	B	C	C#/Db	D	D#/Eb	E	F	F#/Gb	G	G#/Ab	A
D	D#/Eb	E	F	F#/Gb	G	G#/Ab	A	A#/Bb	B	C	C#/Db	D

0	1	2	3	4	5	6	7	8	9	10	11	12
D	D#/Eb	E	F	F#/Gb	G	G#/Ab	A	A#/Bb	B	C	C#/Db	D
A	A#/Bb	B	C	C#/Db	D	D#/Eb	E	F	F#/Gb	G	G#/Ab	A
D	D#/Eb	E	F	F#/Gb	G	G#/Ab	A	A#/Bb	B	C	C#/Db	D

Auf diese Weise lassen sich wohlklingende Akkorde erzeugen, doch auch hier sind Sie eingeschränkt. Sie sollten Sie sich daher auf ein paar Akkorde beschränken. Ich empfehle Ihnen, es beim Spielen bei folgenden Akkorden zu belassen:

Dur-Akkorde:

G   A   B   C   D (sehr hoch)

Moll-Akkorde

Gm   Am   Bm   Cm   Dm (sehr hoch)

Es gibt noch eine dritte, etwas schwerer zu greifende, Möglichkeit, Akkorde zu spielen. Diesmal dienen die oberen D/d-Saiten als Basis.

0	1	2	3	4	5	6	7	8	9	10	11	12
D	D#/Eb	E	F	F#/Gb	G	G#/Ab	A	A#/Bb	B	C	C#/Db	D

Sie brauchen für diese Grifftechnik nur zwei Finger Ihrer linken Hand:

- 4. Finger = kleiner Finger (liegt immer auf den d/d-Saiten)
- 1. Finger = Zeigefinger (liegt immer auf den a/a-Saiten)
- 1. Finger = Zeigefinger (liegt immer auf den D/d-Saiten)

Sie legen den Zeigefinger auf den passenden Grundton Ihres Akkords auf den D/d-Saiten. **Ihr Zeigefinger den D/d-Saiten bestimmt diesmal den Namen des Akkords.** Der Zeigefinger greift auch die a/a-Saiten im gleichen Bund. Sie müssen also zwei Saitenpaare gleichzeitig greifen. Der kleine Finger liegt mit drei Bünden Abstand auf den d/d-Saiten.

Beispiel:

Sie wollen einen E-Dur Akkord spielen? Legen Sie Ihren Zeigefinger auf die D/d-Saiten und die a/a-Saiten im 2. Bund (Ton E und Ton B), den kleinen Finger legen Sie auf die d/d-Saiten im… genau, im 6. Bund (Ton G# bzw Ab).

0	1	2	3	4	5	6	7	8	9	10	11	12
D	D#/Eb	E	F	F#/Gb	G	G#/Ab	A	A#/Bb	B	C	C#/Db	D
A	A#/Bb	B	C	C#/Db	D	D#/Eb	E	F	F#/Gb	G	G#/Ab	A
D	D#/Eb	E	F	F#/Gb	G	G#/Ab	A	A#/Bb	B	C	C#/Db	D

Noch ein Beispiel gefällig?

Nehmen wir den G-Dur Akkord. Legen Sie Ihren Zeigefinger auf die D/d-Saiten und die a/a-Saiten im 5. Bund (Ton G und Ton D), den kleinen Finger legen Sie auf die d/d-Saiten im 9. Bund (Ton B).

0	1	2	3	4	5	6	7	8	9	10	11	12
D	D# Eb	E	F	F# Gb	G	G# Ab	A	A# Bb	B	C	C# Db	D
A	A# Bb	B	C	C# Db	D	D# Eb	E	F	F# Gb	G	G# Ab	A
D	D# Eb	E	F	F# Gb	G	G# Ab	A	A# Bb	B	C	C# Db	D

Auch bei dieser Grifftechnik sind wiederum Moll-Akkorde möglich. Diesmal verschiebt sich der kleine Finger und er verschiebt sich um einen Bund nach unten. Sie haben bei Moll Akkorden dann nur noch zwei Bünde Zwischenraum.

Schauen wir uns die beiden Akkorde Em und Gm an, die wie folgt aussehen:

0	1	2	3	4	5	6	7	8	9	10	11	12
D	D# Eb	E	F	F# Gb	G	G# Ab	A	A# Bb	B	C	C# Db	D
A	A# Bb	B	C	C# Db	D	D# Eb	E	F	F# Gb	G	G# Ab	A
D	D# Eb	E	F	F# Gb	G	G# Ab	A	A# Bb	B	C	C# Db	D

0	1	2	3	4	5	6	7	8	9	10	11	12
D	D#/Eb	E	F	F#/Gb	G	G#/Ab	A	A#/Bb	B	C	C#/Db	D
A	A#/Bb	B	C	C#/Db	D	D#/Eb	E	F	F#/Gb	G	G#/Ab	A
D	D#/Eb	E	F	F#/Gb	G	G#/Ab	A	A#/Bb	B	C	C#/Db	D

Auf diese Weise lassen sich sehr wohlklingende Akkorde erzeugen. Sie sollten sich aber auch hier auf ein paar Akkorde beschränken. Ab B-Dur klingen die Akkorde nämlich sehr hoch, da Sie bereits mit dem Grundton im 9. Bund beginnen müssen. Wenn Sie jetzt drei Bünde Abstand lassen, dann können Sie sich vorstellen, was ich meine. Ich empfehle Ihnen, es beim Spielen bei folgenden Akkorden zu belassen:

Dur-Akkorde:

E   F   G   A   B (sehr hoch)

Moll-Akkorde

Em   Fm   Gm   Am   Bm (sehr hoch)

Ich mische die beiden Grifftechniken, die auf den a/a-Saiten und auf den D/d-Saiten basieren. Ich bekomme dadurch alle wichtigen Akkorde vom tiefen B bis zum hohen B (insgesamt 16 Akkorde). Ich kann diese Akkorde gut greifen und sie klingen auch noch hervorragend.

Sie haben es geschafft! Das Ziel ist erreicht! Üben Sie regelmäßig (lieber häufig und kurz, als wenig und stundenlang) und experimentieren Sie mit Ihrem Baglamás. Trauen Sie sich etwas zu. Ihr Baglamás will gespielt werden. So oder so…

Quellen

Tja, mit den Quellenangaben ist das so eine Sache. Immer dann, wenn ich im Text auf ganz bestimmte Quellen zurückgegriffen habe, habe ich sie direkt in Klammern angegeben.

Alle weiteren Dinge, die ich in meinem Buch anführe, sind entweder meinem Hirn entsprungen und/oder historisches und musikalisches Gemeingut. Alle Informationen rund um den Rembétiko und den Baglamás sind griechischen Musikern und Musikern in aller Welt längst hinreichend bekannt und werden gerne von Musiker zu Musiker und von Generation zu Generation weitergegeben.

Mir ist kein deutschsprachiges Buch über den Baglamás bekannt und ein fremdsprachiges Buch über dieses Instrument besitze ich nicht. Ich habe bei meinen Aufenthalten auf Samos (seit 2007 jährlich) immer wieder mündliche Spieltipps von Yannis Loulourgas bekommen. Seine Tipps habe ich mir im Urlaubshotel stichwortartig notiert und in diesem Buch erstmalig in eine kursartige Reihenfolge gebracht und mit eigenen Worten niedergeschrieben.

Natürlich werden diese Tipps in ähnlicher Art und Weise auch in anderen Lehrbüchern auftauchen, die sich mit dem Erlernen eines Saiteninstruments (z.B. Gitarre, Mandoline, Ukulele, Bouzouki o.ä.) befassen. Dass sich meine gewählten Worte, Bilder und Grafiken in ähnlicher Form also auch in anderen Druckwerken wiederfinden werden, liegt demzufolge in der Natur der Sache. Oder mit den legendären Worten Martin Luthers ausgedrückt:

*"Hier stehe ich und kann nicht anders! Gott helfe mir, Amen!"**

*Diese Worte Martin Luthers sind geschichtlich nicht belegt, aber sie treffen den berühmten Nagel auf den Kopf.

Notizen

Notizen